lustbrüchige nach sinnflut
unbegrenzte traumlyrik

Robert Zobel

lustbrüchige nach sinnflut
unbegrenzte traumlyrik

Bibliografische Information durch
Die Deutsche Bibliothek:
Die Deutsche Bibliothek verzeichnet diese Publikation in
der Deutschen Nationalbibliografie; detaillierte
bibliografische Daten sind im Internet über
http://dnb.ddb.de abrufbar.

ISBN 9783738633238

Copyright (2015)
Herstellung und Verlag: BoD - Books on Demand,
Norderstedt
Alle Rechte beim Autor.

Isaac Newton war Erfinder, Forscher, Imker und Zeitreisender. Im Grunde erfand er nur eine Zeitmaschine, reiste in die variablen Zukünfte, nahm Erfindungen mit und kam den eigentlichen Erfindern somit zuvor. Dieser schwarze Fleck der Wissenschaft wird hier beleuchtet.
Herold zu Moschdehner fand in dem Nachlass Newtons dessen Tagebuch und übersetzte es. Es war in SpiegelSpiegelschrift geschrieben und bisher kam kein Mensch darauf zum Entziffern auch zwei Spiegel zu benutzen.
Was sich nun in diesem Tagebuch zeigt ist ein illustrer, witziger und piekschlauer Newton der in diesem Buch viele weitere "eigene" Erfindungen aufzeigt.
Von 3047 - 2005 und wieder zurück könnte der Titel auch heißen.
haben Sie viel Spaß beim Lesen. Sonst werden ihn andere haben.

Mit freundlichen Grüßen
Herold zu Moschdehner

andere zeichen

es müsste andere schriftzeichen für
die gedichte an dich geben
irgendwas
was sofort vom papier springt
und vom auge deinen körper wärmt

symbole die sofort zu deinem
herz dringen
worte die sätze sind
und sätze die geschichten der
zukunft sind
buchstaben die du nicht lesen
musst sondern fühlen kannst

bis ich diese zeichen
erfunden habe
schreibe ich althergebracht
und überbringe dir mit
jeder zeile an dich

mich

gesunden

auf sich aufbauende
nobelmänner aller lande
stecke ich in schubladen
mit beschriftung: tor

lege einen schlauch mit hinein
sauge daran und ziehe
das geld heraus
um es in die baracken
vor die baracken
und in die barackenlosigkeit
zu spucken

dann lasse ich sie wieder
frei
und sie werden gesund

die gehenden

wenn verliebte spazieren
und sich nicht an den händen halten
suchen sie schon nebenbei
nach anderen händen

sie gehen zusammen
als wenn sie noch einmal
einen letzten weg zusammen
beenden wollen
die kopfe voneinander abgeneigt
schon ohne tränen

die fussgängerzonen
sind voll davon

camelia

leicht nach vorne
gebeugt
den mund zum biss
geöffnet
sitzt im sprung
camelia kräterbaschete
am nebentisch

ihr glänzendes blaue
kleid frisst sich ans
tischbein und will auf
meinem teppich liegen
das spüre ich genau

camelia k. fummelt sich
am haaransatz herum
und aus
den augenwinkeln
wirft sie mir nette drohungen
zu
"du wirst schon sehen"
"dich mach ich fertig"
"du hast nicht zwanzig
zentimeter"

ich schaue zurück
antworte mit einem
lässigen schluck bier und

einem innerlichen kichern
"du wirs schon sehen"
"dich mach ich fertig"
"du würdest dir wünschen
ich hätte weniger als 20
zentimeter"

dann trinken wir beide aus
sie zupft sich die spuckefäden aus
dem ausschnitt
ich versuche aus mehreren bildern
eins zu machen
und wir werden uns niemals
haben

schade camelia kräterbaschete

umziehen

zwischen tür und angel
angel und tür
ein paar fußleisten
in die hungrigen augen

überall schrauben die
zu verschiedenen schränken
gehören
die man später puzzeln muss
hier ein bier
weil gehört ja dazu
und da auch schon ein
bier
weil muss da noch
nötiger sein

die eine wohnung riecht
staubig und man niest
den ganzen tag
die andere ist so neu
das die farben einem
kopfschmerzen bereiten

wenn es geschafft ist
ist es noch lange nicht
geschafft

wie verlegt man einen

teppich?
rauhfaser, samtpapier
glanzlack?
wischtechnik
gardinen oder rollos?

ach ja und dann darf man
nicht vergessen zu atmen
aber nicht zu tief

model

jeden tag modeln
das hängt mir schon
aus dem hals heraus
und manchmal muss ich das
dann gleich ins klo
spucken
wenn es überhand nimmt

ich hab dann da so
ein drücken irgendwo im
kopf
das zuckt dann im finger
der bewegt sich und
verschwindet und kommt dann
besudelt wieder
das ist wie ein zwang

die rima tschechoslowa
ist nämlich acht kilo leichter
und hat letztens den auftrag
bekommen
und kann sich jetzt viel mehr
koks kaufen

ich bin schon nicht mehr
die nummer eins meines
dealers
es geht nach unten

ich muss entgegenwirken
ahh wo ist mein finger?

fast

fast herzwolke
an einem fast unbewölktem himmel
darunter fast glück
mit fast nur liebevollen
menschen mit fast liebevollen
partnern

fast hat der kuss nach
mehr geschmeckt
fast wäre man daran
erstickt
fast sehnt
fast fürchtet man sich
vor einem anruf
einem fastgespräch

fast fühlt man das es richtig
ist
fast denkt man
dass es nicht so ist
fast ist nur nicht
das man fast ist

die klarheit hat nicht einmal
der himmel

komm kau baby

ja, kau baby
lass deine geilen
kiefermuskeln polka
tanzen
beiß ab, kau
ja, kau baby
und schlucke

schau auf die stulle
erfreu dich an der noch
zu erkauenden menge
kau mit offenen mund
kau es bis es brei wird
und schlucke es in
deinen geilen schlund

wisch dir nicht die
mundwinkel ab, baby
ich will die späne bei jedem
"kau" fast hinunterfallen sehen
mir vorstellen
wie ich meinen mund
unter deinen platziere und auffange
was du verschnappst
und mit dir kaue

und dann bitte,
würgen wir alles wieder hoch

spucken es in eine wanne
und baden

kau baby, kau

birkenlichtung

mich hat eine bremse
gestochen und nun komme
ich nicht mehr vorwärts
ich zittere
wenn ich es versuche
und kippe um
dabei wollte ich
zur birkenlichtung
mit den schnaken
schnacken
daraus wird aber nichts
wie es sich gerade
anfühlt

hätte mich doch bloß
eine biene gestochen
dann wäre ich ein wenig
bi gewesen
aber das is ja auch nicht
das schlimmste
und ich wäre wahrscheinlich
schon auf der lichtung
und würde mir
ein paar fliegen zu
einer stattlichen fliege
zusammenpuzzlen
um mal richtig eindruck zu
machen

wenn jetzt noch eine
schnecke über meine
nackten zehen kriecht
dauert die steifheit
noch länger
ich brauche einen kollibri
der mich mit seinen
flügeln berührt
dann könnte ich es noch
vor den fledermäusen schaffen

totalstrahl

was in größter stille
erschaffen wird
hat die lauteste stimme

trägt alle konzentration
auf der haut
im körper
und strahlt regelrecht
tag und nacht
in einer symbiose aus sich
heraus
das wir nur ausstrahlung
brabbeln können
das denken lassen
weil es uns in die
irre führen wird
annehmen
und gut finden

die größte stille
erschafft man mit eigenem
stillstand nach haben
und wollen

wenn man das abbaut
kann man sich aufbauen
und auch das nur
wenn man sich nicht aufbauen will

weil es ja wollen ist

die totalerkenntnis
zu erlangen
ist sehr schwierig
sie führt nämlich daran vorbei

einsamkeit

ich habe nicht den tod gesehen
ich habe die einsamkeit getroffen
gestern nachmittag
schielte er zu mir rüber
und berechnete irgendwas

sein trauriger blick sendete daraufhin
etwas aus und ich fing mich ohne
grund mit meiner freundin an zu streiten
schickte sms in die welt
die nicht von mir waren
und auch alle meine verwandten
habe ich gerade angerufen
und ihnen gesagt
dass ich nie mehr was mit ihnen
zu tun haben will

jetzt sitzen wir uns wieder
gegenüber
ich und die einsamkeit
und auch ich bin irgendwie grau geworden
und ich kann es nicht lassen
traurig an einen anderen tisch
zu schauen
vielleicht geht mein grau
dadurch ja weg

dämmerungsbäume

drei überhausalte bäume
neigen sich dem lichte zu
der zwei dämmerungen fernab
in denen sie der freundin sonne
am nähesten kommen können
neigen sie sich von der tagverpesteten
straße mit ihren metallwesen ab
und nur manchmal ganz
bestimmten menschen zu

jetzt in der dämmerung
wäre ich gerne ein baumfreund
des tages
würde ihre mit entgegengebrachten
blätter vom smog waschen
den ich selbst ihnen
aufgelegt habe

morgen
am tage
werden sie aussehen
wie bäume halt so aussehen
und was ich jetzt gerade
in der stille denke
ist dann leider durch
die tagesrythmen
in vergessenheit geraden

bis ich wieder einmal durch
zufall am abend
durchs fenster blicke

unsere truppen

ich erkenne deine schönheit an
verflechte damit meine zeit
und werde sie am ende viel
zu kurz finden

wir schwanken in unseren
schlachten
die wir nie führen bräuchten
und würden uns doch am
liebsten gegenseitig in die
arme fallen und verlieren

unsere truppen wären
die ziegel der schutzmauern
und durch ihren tod
könnten wir endlich unsere
gefühle befreien
die dorthinter auf den jeweils
anderen lauerten

wir haben zuviel gesprochen
weil wir uns nichts sagten
und brauchen nur diesen
einen blick
diesen einen moment
dem wir beide ausweichen
kaum dass es so weit kommen
könnte

setzen wir uns in unsere
katapulte und atmen
erleichtert
woanders wieder aus

es ist schwer
aufeinander zu zu gehen
aber wir werden das schaffen
müssen nur die zugbrücken
runterkurbeln
das heiße pech in unseren
mündern behalten
und die pfeile im köcher
lassen

von anfang an wollte ich
in deine burg stürmen
jetzt weiß ich dass ich dich
damit verschreckt habe
wir sollten wohl beide unsere
schutzwerke verlassen
und finn zeigen dass man
so eine dicke mauer um
sich herum gar nicht
brauch

auf meiner flagge steht und
wird immer stehen
"ich liebe dich"

die sonne

es ist als würde
ich eine sonne gegen
meine brust drücken
wenn ich an sie denke
als würden viele winzige
wasserfälle in mir laufen
und an der oberfläche meiner
haut gänsehautberge
erschaffen

wenn es liebe ist
wieso kenne ich es nicht
vorher
bei den anderen
hat vielleicht mal
ein schmetterlingsflügel
von außen gegen meinen
bauch geschlagen
aber so was?

das gefühle so radikal
kreativ sein können
und durch den körper mit
mir sprechen?

ich werde nicht aufhören
an sie zu denken
bis ich sonnenbrand habe

und ertrinke

wunderbar wandelbar

du bist wunderbar wandelbar
und jede maske
die du benutzt wird
sofort weggeworfen und
durch eine neue ersetzt

du bist wunderbar wandelbar
ich mag deine verschiedenen
körperhaltungen
die vielen dialekte und
auch deine frisuren

und wenn du mal böse
zu mir bist
weiß ich du spielst das nur
und wenn du zeigst
wie gerne du mich hast
weiß ich das du mich eigentlich
noch viel lieber hast
aber halt grad die falsche maske auf

ich liebe dich
dich?

seifenblasen

wenn kinder aufhören mit
ihren schatten zu spielen
noch bevor sie erwachsen
werden und es mit anderen
menschen tun
sind seifenblasen große
planeten mit bunten
fischen darauf
runde bälle
an denen sich die
wolken ihre watte
waschen und sie so
schwarz werden lassen
bis sie platzen

bevor sie in das erwachsensein
zwangswachsen
leben sie auf seifenblasen
in puppenstuben
hinter dem haus bei den
ameisen
oder in den märchen
die wir immer wieder vorlesen
damit sie nicht zu schnell
dahin kommen
wo wir gar nicht sein wollen

dialekt des stöhnens

heute betrachte ich dich
mit geschlossenen augen
und vergewissere mich mit
geöffneten armen

heute gibt keiner von uns
den takt an
wir werfen uns in die
lust an sich und treiben

heute erkenne ich deine
körperstellen am geschmack
am dialekt deines stöhnens
und am schmerz den deine
fingernägel verursachen

heute machen wir aus der
ganzen wohnung eine spielwiese
sind uns abwechselnd blume
biene bis die nachbarn
brüllen oder klingeln und
mitmachen
(ausnahmen verschönern den gedanken)

heute will ich dich hoch
konzentriert
nichts das mich von dir ablenkt
ich will dir nicht nah sein

ich will mir fern sein
und einen teil meines körpers
mit dir verhüllen

heute will ich das heute ist

feenblick

manchmal ist dein blick eine feder
die sanft auf mir herumstreichelt
manchmal weiß ich dass du mich
beobachtest und spüre wie du erahnen
zu versuchst was ich gerade denke
dein lächeln im rücken zu fühlen
ist eins der sachen dir mich am meisten
wärmen

manchmal bist du eine glockenblume
die sich ohne unterlass schüttelt
und auf ein echo wartet
manchmal bist du mit einem riesigen
satz einen planeten weit entfernt
und wunderst dich dann dass ich
dir nicht folgen konnte
dabei schau ich dir doch nur auf die
lippen und spüre jeden buchstaben
auf den meinen

manchmal wirst du zum
atomreaktor bei dem man alle
friedensgesetze einhalten und kennen muss
damit nichts explodiert
manchmal gibt es dann doch eine
kernexplosion und der kern wird immer größer
bis daraus dann wieder ein schöner baum
wächst in dessen ästen wir hängen

auf die übrige welt spucken und lachen
wir sind uns zur gewohnheit geworden
wohnen magisch ineinander
und individualisieren uns

deutschland - argentinien

der über mir hat
wieder einen grund seine
frau zu schlagen
jipieehh
deutschland ist im
halbfinale

scheiß auf das schlagen
eines schmetterlingsflügel
heute wehen millionen
deutschlandflaggen
sich in die geschichte hinein
finn schläft und wird aufwachen
wie immer
jipieehh
deutschland ist im
halbfinale

zusammengehörigkeitsgefühl
überlautes gröhlen
eingeschlagene köpfe
von einschlägigem alkohol
folgen
seufzende frauen die
lieber serien gucken wollen
jipieehh
deutschland ist im
halbfinale

viele dafürredner
viele dagegenredner
und einer der nicht mal
beobachtet
dem es nicht einmal egal ist

ich freu mich schon darauf
mit finn ball zu spielen
die eigene wm
zu spielen
jipieeh
finale

vibrator aus dem sack

nun völlig tot
fängt mich ein
mädchen in einer schürze
und ich purzele neben der
seele eines wolfes
der zuviel steine gegessen hat
vom stoff
auf den harten gelben
schwefelboden

"ach du bist es"
schreit eine verrückt
gewordene frau holle
und schüttelt jede seele
die an ihr vorbei kommt
ich umgehe sie
und komme so an
ein kleines schwarzes bäumchen
auf dem zwei kinder sitzen
die mit lebkuchen nach
mir werfen

auf jeden fall denke ich
das sie nach mir werfen
ein paar sprünge weiter
sehe ich dass sie
versuchen mit den kuchenstücken
in die sie vorher löcher gebissen

haben
die nase eines kleinen mannes
zu treffen

der lässt es sich gefallen
zwinkert mir zu
und ruft dann
"vibrator aus dem sack"
und dann muss ich rennen

das gräberlein hatte wirklich recht
ich bin in der hölle
ich bin tot

schneewittchens schatten

ich bin schon gestorben
so steht es auf dem grabstein
den das tapfere leichengräberlein
über der schulter trägt

wenn es da steht
muss es so sein
und eine schärpe um seinen
leib beweist
"7 mal recht haben
auf einen streich"

hinter dem zaun am
friedhof liegt eine frau
in einer lache butter und weint
ständig
"das hat dir der teufel gesagt"
ich überlege und erinnere mich
dürftig
dass der nur sagte
dass er drei schwänze habe

in dem moment
in dem ich der frau aufhelfen will
reißt sie sich in vier stücke
und hinterlässt eine kutsche
aus glasknochen

aus der schneewittchen steigt
und mit ihrem fetten arsch
so stark schatten wirft
dass nicht einmal der luft
platz bleibt
und ich ersticke

das gräberlein hatte recht

träumen

manchmal
muss ich mich davon
überzeugen
dass nicht alles ein
traum ist
und schlafe ein

wenn ich dann
von deinem geschrei
aufgeweckt werde
weiß ich das
du wirklich bist
und die blaue giraffe
nicht real

aus jedem traum
bringe ich etwas mit
dass ich dir vor deinen
träumen dann erzählen
kann
so wirst du dich
im schlaf nie verirren
und die richtigen
spielkameraden
finden

nu komm

komm
ich male dir einen
regenbogen auf deinen
bauch
ganz sacht mit der
zunge von einer seite zur
anderen

puste wie ein
sommerwind gegen
den feuchten bogen
und dir wird winter
und du drückst mich
an dich

du kennst diesen
trick
aber fällst immer
wieder darauf hinein
und lässt dich fallen

komm
ich drucke dir
ein lächeln ins
gesicht
mit meinem
stempellachen
das ich dir

unter die nase
drücke

lege mundwinkel
an mundwinkel
und forme mit der zunge
von innen deine
lippen zu einer mondsichel
die ihre beinchen in den
himmel streckt

du könntest sicher auch
von alleine lachen
aber so brauchst du deine
muskeln nicht anstrengen
und lächelst auch viel
natürlicher

komm
ich laminiere dich
mit meiner haut
schließe deine lust
mit mir ein und
ernähre mich davon
lass nichts durchdringen
was dir dein stöhnen
nehmen könnte
und werde zur zweiten
haut

du wirst es mögen
denn du lachst ja
und außerdem ist dir
magisch kalt
da brauchst du eine
portion
menschenhülle

gut dass es mich für
dich gibt

wie ein wasserläufer

wie ein
wasserläufer
auf wasserhaut seine
beinchen spreizt
und von ufer zu ufer
wandert
möchte ich die jahre
meistern die noch kommen

ich will durch die oberfläche
die dicken fische schwimmen
sehen und mit der sonne
über mir zufrieden sein

wasserkunstlaufen
und mir die prisen über
den chitinpanzer säuseln
lassen

immer den von unten
kommenden mäulern
entwischen
und auch den schnäbeln
aus der luft
davonlachen

wie ein wasserläufer
möchte ich

das leben see
durchleben

bäume reichen

ich geh in den wald
um die bäume ohne
feuer zu rauchen
um mir den puren
sauerstoff aus ihren
kronen zu klauben und
mich damit zu waschen

schatten schwitzen nie
aber schattenwerfer
und so knie ich am
stamm
lege die hände
aufeinander und
bettele den baum
an dass er mich mit seinen
ästen an die sauberen
auslüftungen docke

das brauche ich heute
mir ist so atemlos
so drückend im brustbereich
und der schweiß
wasserfällt
über meine lippen
so dass ich nur noch
in s-lauten spreche

ich muss in den wald

wer dich nicht aufnimmt

du steckst dir die
gesamte welt
in deinen mund
und hoffst
das sie schmeckt
versuchst spinnweben mit
der eigenen spucke
auf meine brust zu malen
jeden fadenfall begleitet
ein lachen

du bist auf dem zenit
deiner staunfähigkeit
und ich werde
dich dort halten

mit deinen blauen
augen kommst du an jedem
herzvorsteher vorbei

wer dich nicht aufnimmt
ist voller leere

bevor du erwachst
bin ich es längst
um dem schauspiel zuzusehen
"du wunderst dich dass du bist, erinnerst
dich dass du schon eine weile lebst

und freust dich dann auf die nächsten stunden"

nimm immer dein gestern mit
falte weiter

ausgekotztes

man sollte sich an seine
eigenen nase fassen
sie abreißen und gegen
die fenster des glashauses
werfen

das plopp ist das
selbe geräusch
dass der nachbar sich denkt
wenn man ihn mit
übertriebenem eifer
mit dem kampfhund jagt
und dieser ihm die bremsspur
vom bremsspurausstreicher
beißt

da nur die wurst zwei anfänge hat
und eine gediegene partnerschaft
nämlich aus zwei sichten
sollte man sich die augenbrauen
nie zusammen wachsen
lassen
das ergibt dann nämlich
zwei sehr unschöne haarige
anfänge
die selbst dann auch noch der
anfang vom ende sind

die wälder sieht man
vor lauter altpapier nicht mehr
hier wo der fuchs dem hase
gute nacht sagt
nachdem er ihm eine
nicht vorhandene eigentumswohnung
auf penneriva angedreht hat

was man später kann besorgen
das verschiebt sich automatisch
auf morgen
deshalb beutet man sich selbst
weil ja jeder zur menschheit
gehört
selber aus
vergisst alles um sich herum nicht
und aufpassen auf die umwelt kann man
auch noch zwei nach zwölf

habe die ehre
ich habe mich
ausgekotzt

wut

mir kommt die galle
in limitierten
lauten aus dem kopfschlitz
heraus
kocht und brodelt in fetten
dicken eiterblasen
die speiseröhre hinauf
und verwandeln sich auf der zunge
in worte
dann hört das feuer in
mir auf

der goldene passant

ich warte bis auf
etwas wirklich wichtiges
was sich aufschreiben lässt
und wenn ich nichts finde
und es am ende merke
schreibe ich noch schnell
meine memoiren
und tue so als ob ich
wichtig gewesen bin

ich steh an der haltestelle
und warte auf den richtigen
moment
der nur für mich bestimmt ist
mich regelrecht mitreißt
und zum glück bringt
oder wenigstens einen
goldenen passanten
der mir den weg dahin zeigt

vielleicht sollte ich meine
füße planlos benutzen
dem spruch
"alle wege führen nach rom"
im hinterkopf behalten und
hoffen dass mein rom
nicht das richtige rom ist

die langeweile in allem
trubel nagt an mir
und hinterlässt tunnel
in die kalter beißender wind
sticht

irgendwer hat den
fahrplan abgerissen
hoffentlich hab ich den moment
nicht verpasst
oder ihn schon erlebt
und bin schon glücklich
und wenn ich glücklich bin
ist das alles?

ich brauche schnell den
goldenen passanten
der kann mir sagen
ob mir fehlt was mir fehlen
könnte

miau-mir-au-gefühl

ich liebe das miau-mir-au-gefühl
zu spüren dass der alkohol
noch am gehirn frisst
dumpfheit dabei hinterlässt
und
diese schwere hinter den schläfen
die einen zwingt weiter
federn zu lutschen
die lichtempfindlichkeit
der erste blick in den spiegel
sich auf zweiten blick erkennen
dann der geschmack nach
ranzigen gemufften
bananenschimmelbrocken
die lücken in der memoration
"wo war ich?"

"mit wem war ich?"
und
"ist der wem noch da?"
"wie viel hab ich getrunken?"
dann der blick in die
brieftasche

und wenig später der vorsatz
der mit dem miau-mir-au-gefühl
wieder geht:

nie wieder alkohol

die ausserirdischen

zwei glasperlen
in der mitte ein
teertropfen drumherum
dunkles grau
die nase sichtbar
plastisch
ohne fähigkeit zum sinn

du strahlst keine wärme
du strahlst keine kälte
du strahlst gar nicht
nicht einmal nach innen

bist ein klotz
aus einem undefinierbarem
material
das nicht zu definieren
ist
überzogen mit einer
schicht gummi
das mit leberflecken
betupft wurde
um den eindruck zu
erwecken
das du lebst

doch nicht mit mir
ich habe die glasur

berührt
und bin erschaudert
keine temperatur
nicht einmal nachgegeben
hat diese fassade

du bist eine außerirdische
und lebst auf was für eine
art auch immer
aber sicher nicht auf
menschenart

deshalb schmecken deine
küsse sicher nach
glaswatte

traumräuber

bin der traumräuber
nach mir glaubt keine
mehr an die unbegrenzte liebe

bin zugleich augenöffner
und zerstörer
wärmeverzehrer und
kaltmacher

höre erst mit dem lügen auf
wenn sie mir diese glaubt
die wolke 7 ist aus pappmachee
und löst sich auf
wenn ich dich fallen sehen
will

traveler

was er weiß
sollten alle wissen
den weg den er geht
sollten alle gehen

doch sie werden abgelenkt
mit absicht
um nicht zu erkennen
das es auch ohne geht
schon immer ohne ging

man wirft lackierte murmeln
vor die säue
und nennt sie perlen
erfindet krankheiten
die es nie geben wird
und steuert mit der gesellschaft
richtung weltuntergang

in der hoffnung das das
volk sich vorher umbringt
und man da oben mehr platz
hat

was er weiß
ahnen manche
den weg den er geht
geht keiner

weil sterben viel
bequemer ist

wir buchstabennudeln

meine probleme
sind das salz
in der suppe unserer
beziehung
und ich habe versalzen

wir sind zwei buchstabennudeln
du schön weich
gar und schmackhaft
und ich hart, mehlig und
zahnfleischeinschneidend

du kannst nicht auf meine
weichheit warten
weil du sonst zu brühe verkochst
und ich brauche noch
tonnen von erfahrungen
die ich nur durch andere
harte nudelchen bekommen
kann

uns trennen lauchbalken
möhrchenminen und
jede menge fettaugen
in denen sich unsere zeiten
spiegeln
manche schillern bunt
aber die meisten sind

blass und träge

gehe du mit diesem
schluck
vielleicht treffen wir
uns im magen wieder
ich hoffe es
ade

mehr will ich nicht sein

seit kurzem bin ich
krisenmanager
milchtemperaturtester
und weiches laken
kissen und bettdecke zugleich

mehr bin ich nicht
mehr brauch ich nicht sein

ich bin blähungslocker
fussküsser
mimiklehrer
und ein ewig wachsames
beschützerbündel
der sich selbst vergisst
weil es da was wichtigeres gibt

mehr brauch ich nicht sein
mehr will ich nicht sein

in ein paar jahren
werde ich diese zeit vermissen
die erinnerung wird sich verklärt haben
die negativen ecken sind
dann rund geworden
aber ich werde es vermissen

tränchensammler

spieluhrentänzer
windelbinder
fließbandnasenküsser
handhandspieler
zu sein

er schläft jetzt schon viel zu lange
ich vermisse es jetzt schon
und kann nicht mehr weiterschreiben
ich muss ihn wecken

mein glück

mir liegt das glück
auf der brust
und atmet leben
legt seine hände auf meine
haut und lacht

mir liegt das glück
sanft in den ohren
und nur ich kann es als musik
erkennen
ich mag alle seine gerüche

nichts ist wichtiger als
dieses glück
nichts darf mich mehr in
anspruch nehmen

hoffentlich kann ich
ihm auch ein wenig glück sein

lasst uns menschen sein

wer an der gesellschaft
kratzt
verliert schnell
seine hand
dabei sollte man mit
seinen finger herauszeigen
aus all den fingerzeigern
und auf die fingerzeiger
deuten
die nur so tun
als wenn sie etwas aufzeigen
können

man sollte den dunstkreis
von millarden ausatmern
mit seinem kopf durchdringen
immer seine überposition
behalten um nicht zu ertrinken
etwas zu glauben
was alle nur glauben
weil es alle glauben

man ist gefangen
das leben ist an jedem
anderen mitbürger festgekettet
wir müssen nun aufpassen
dass sie uns nicht noch
die kopfinnenfreiheit rauben

zerschlagen wir die fernseher
lassen wir unsere kinder nie
zur schule
verweigern wir uns unmenschlichen
grenzen

lass uns zu tieren werden
um menschlicher zu sein

herverl

was meine hände brauchen
meinen augen fehlt
meinem herz glückliche zeiten
schmerzend erinnert
weil es nun fehlt
sind die liebkosungen deines
leicht gewölbten bauches
dein dunkelbrauner duft der
sich zwischen den kissen verliert
um von mir eingeatmet gefunden
zu werden
deine hand in meiner
am straßenrand
kurz drückend
"wir können hinüber"
"los komm"

unsere gefühle hatten kein
hindernis gebaut
es war die angst sich ineinander
aufzugeben
und nun fehlt uns die chance

was mein kopf braucht
ist in deinem kopf
was mir meinen lebensweg
beleuchtet
kann ich jetzt nicht mehr sehen

mein tank ist leer
deine frequenz bekomme ich
nicht mehr herein

wir waren nicht ehefähig
denn wir liebten uns zu stark
stellten uns gegenseitig
freibriefe aus
weil wir wußten keiner
wird sie benutzen

warfen unseren egoismus
aufgeblasen mit stolz
gegen die wand aus liebe
aber es platzte nicht

deshalb muss ich jetzt
zwischen dem alltag an dich denken
mich zurücksehnen
nach meiner blume
der schönsten stadt im land

du erfrierst mich

bin dein herzträger
dein lakai
der vor schmerzen
komplimente schreit
du machst mich
mit jeder bestrafung
älter
und das freut dich so
sehr das deine tränensäcke
sich einziehen und
irgendwie unter meinen augen
erscheinen

jede sekunde mit dir
macht mich krummer
kostet mich dreifach
energie
zerfrisst wie säure
mein dickes fell
und an ein paar stellen
hat sich deine kälte
schon durchgebohrt

aua

du brauchst mir nicht
drohen
du bist die drohung

danke dass du mich
mich mit deiner liebe
erfrieren lässt

ich steh auf dich mal

lass uns miteinander
hier mal irgendwas machen
du weißt schon
weil ich ja hier auch mal
mit dir deckungsgleich bin
ja doch wirklich
können wir gleich mal auspoppen
äh ausprobieren
dann können wir auch mal
schauen ob mein ding
größer ist als dein
dingreinlasskanal
oder so hier

würd dich auch gerne epilieren
damit ich von dir sahnetorte
oder aalstückchen essen kann
du kannst ja mitessen
wenn du auch mal hier hunger hast
oder wo

hauchdick will ich dir
ma hier aus meinem ding
dingsaft überteeren
hier ist schön warm und
rinnt langsamer als wasser
ein privates naturschauspiel
für dich in der ersten reihe

und ohne ticketpreise

ich trag auch eine haube
oder eine haubitze mit der ich
das licht dann ausblende
darf ich
willst du
wir beide?

ich werf dabei auch konfetti

lilith

gottes kuss
wehte über die dürre
umfasste die erde
mit liebenden lippen
und blies zwei leben

nach seinem ebenbild
der sonne farben
adam und lilith

adam sollte sich von
der erde heben
lilith aber nah darüber
schweben

samaels finsternis
war zwischen gottes
kuss geflossen
hatte fäden in ihrem
herz gesponnen
und sie widerspenstig
wie ein pferd gemacht

die wüste rief in der nacht
sie folgte
von adam hinfort
gab sich den krallen
und zähnen hin

verlor jede mögliche
kontrolle
und wurde
in die realität
gestossen

so so so

alles was ich gebe
wünsch ich mir klar und rein
wasserdurchsichtig
ohne spreu
das oben schwimmt
und in der durstigen kehle
kratzt und husten nährt

will nicht mit mir
zu nah nähern
will immer wissen
wo der abstand
ist
federbreit
davor stoppen
und lächeln

nicht zu tränen reizen
über keine schultern
getragen werden
und immer die mundwinkel
zur sonne von sorgen
wegschieben

niemals mich in gedanken
verhaspeln
über die eigenen ideen
stolpern

dann von langeweile
gefressen
und von pflicht wieder
ausgekotzt werden

tigerplatznarbe

denke gerade daran
dass ich ja noch nie einem
tiger mit einer weinflasche
eine platznarbe gezaubert
habe
finde ich im moment
ziemlich blöd vom schicksal
dass es mich nicht in diese
verlegenheit gebracht hat

es hätte doch nur einen
tiger entlaufen lassen
mir eine weinflasche geben
und uns dann zusammenbringen
brauchen
so schwer kann das ja nun
wirklich nicht sein

und wo ich schon mal übers
schicksal schreibe
schreibe ich es mal direkt an

Liebes Schicksal,
erst einmal danke ich Dir für alle
Sachen die mich irgendwie erreicht
haben. War eine gute Auswahl und
gerne wieder. Trotzdem fehlt mir gerade eine
Erfahrung sehr. Mit einem Tiger und einer

lapidaren Weinflasche würdest
Du mir da echt gut aushelfen.
Falls Du vorhattest, mir eh morgen diese
Erfahrung zukommen zu lassen, ist dieses
Schreiben nie geschrieben
worden.

Viele Grüße
der Bezieher
Robert Zobel

Nachtrag:

toll gestern
hab ich dann mein eingefordertes
erlebnis gehabt
na ja fast
aber vielleicht sind tiger ja knapp
ersatzweise hab ich eine
perserkatze vorgesetzt bekommen
eine sektflasche und die narbe
ist viel zu groß
ich wollte ja eine platznarbe
und keinen geplatzten kopf

mit meiner herzkarawane

meine herzkarawane
hat endlich den händler
gefunden
der zärtlichkeit gegen
zärtlichkeit tauscht
liebe gegen liebe
und vertrauen gegen
eben das

nach etlichen haltestationen
in den schönsten oasen
habe ich die kamele
bis zum ende traben lassen
und da hockte er im wüstensand
zählte die gefrorenen kristalle
und redete mit sich selbst

"ich bin nichts wert"
"ich kann nichts"
"ich bin schlecht"

als er mich dann verwundert
entdeckte
entschuldigte er sich
neigte den kopf weiter nach
unten als eines meiner
kamele je könnte und erklärte mir
seine worte

mein händler meinte
er habe seine inneren waren
oft eingetauscht
aber hätte stets nur verlust gemacht
mal gab er einen zentner liebe
und bekam dafür acht zentner
mitleid
oder er tauschte sein vertrauen
gegen lügen

so meinte er dann
seine waren seien eben schlecht
und wenn soviele händler
gegen seine werte
solche unwerte eintauschten
musste es doch an ihm liegen

dann überzeugte ich ihn
es doch noch mal zu versuchen
und nun tauschen wir nur noch
wir bekommen gar nicht genug
und moment ich bekomme
gerade liebe
genieße
und muss mal schnell
zurücktauschen

ich hab gelernt
je öder die wüste

desto besser die händler

sinnflut

auf der suche nach mir selbst
bin ich in eine
sinnflut gekommen
die mich an mehreren
schamhaarumkräuselten ufern
ausgekotzt hat

irgendwie dachte ich
dass ich da irgendwo stecke
in diesen lachenden
mädchenmündern
und hab versucht mich mit der
zunge herauszuschaben
doch pustekuchen

also wieder in die flut
und zur nächsten
und das mehr als ein paar mal
gefunden hab ich nichts
nur abgründe in die ich
teile von mir tauchte
und dabei glasierte

mich selbst brachte das mir
nicht näher
eher ferner

jetzt hab ich mich gefunden

unter all den menschen
die sich in und an mir verewigten
unter all den alten küssen
und süssen geruchsschwaden
lag ich herum und wusste nicht
wo norden oder süden ist
und wo ich hin soll

das kann ich mir jetzt alles
sagen
mir fehlte nur das wissen
über meinen ursprung
aber das weiß ich ja jetzt

und ab diesem zeitpunkt
verliere ich mich nur noch
rein orgastisch für ein
paar sekunden
springe wieder in die
sinnflut
und hoffe auf gute
ufer

finn

durch den kanal der mitte
hin zum fruchtbaren
getreidefelsen
führte ihn der weg ins
mittemeer
überdacht von einem
zartrose himmel
in dem ein roter planet
gleichmässig beruhigent brummt

ein anker wurde geworfen
hier wollte er blieben
eine kunstpause einlegen
um sich
selbst zu gestalten
die umgebung gab genug
energie hierfür preis
sogar mehr als er
brauchte und dann flog er
bis an den himmel und boxte
lustige dellchen in ihn hinein

dann wurde es manchmal
dunkel und ein summen
drang zum tauchenden
und lullte ihn ein
dann wuchs er besonders
gut und bekam fingerchen

die er dann auch am himmel
probierte
irgendwann gar nicht mal mehr
des energieüberflusses wegen
sondern weil ihm die stimme so
sehr gefiel die er bald deuten
konnte

heute erkennt er seinen namen
wenn die mutter ihre hand
auf den bauch legt
dann spürt er an seinem po
die wärme
oder etwas streichelt vom himmel
her seine füßchen

er hat sich vorgenommen mal
zu besuch nach draußen zu gehen
und vielleicht gefällt es ihm dann
dort so gut
dass er gar nicht mehr zurückwill
die richtung kennt er ja noch

vermaskung

je mehr masken man
vor sein gesicht hält
je mehr engt man seine
gefühle ein
je mehr verliert man die
sicht
weil die maskenenden
ins blickfeld stechen
so dicht am auge
nebel bilden und
verschwommene schemen
schwarze gebilde
sehen lassen
die eigentlich wunderschöne
engel sind

durch die masken
weht kein wind an die
haut heran
manchmal nur durch die
vielen löcher bei den augen
und dann kullern tränen
weil es so sticht und man soviel
gefühl gar nicht mehr gewöhnt
ist
es macht kalt nach innen

doch lieber kalt und fest

als ohne masken angreifbar
den nächsten schuß erwarten
einen hieb ins herz zu spüren
oder umzufallen und nie wieder
kraft finden zu können
um aufzustehen
vertrauen zu verleihen
um es dann in scherben
wiederzusehen

brauch man die masken
noch?
oder ist man unter diesen
schon irgendwie viel stärker
geworden?
vielleicht sogar weil man weiß
man könnte sie immer wieder
aufsetzen
vielleicht könnte man dann
mal wirklich leben
bräuchte nicht sein lachen
im selben moment überdenken
seine mitmenschen misstrauisch
aus den augenwinkeln
beäugen und könnte seinen
blick nach innen richten
und erleben
das man gar nicht so beschissen
ist
wie irgendwer mal irgendwann

es einem ins gefühl gelegt hat

könnte sein
könnte aber auch nicht sein
du hast zwei gefühle
eines sagt
das dies ziemlich leichtsinnig
wäre, trinkt dabei einen liter
angst und torkelt zur verdrängung
und ein gefühl meldet sich ganz leis
weil ständig vom maskenholz
überdeckt und ruft so laut es kann

"ich bin auch ganz toll
und ich gehöre dahin
und es ist gut dass du mich hast
andere werden es verstehen
wenn du es annimmst
lass mich frei"

die masken sind angewachsen
du brauchst zeit
und viel warmes nervenwasser
um dich davon zu lösen

es gibt kein risiko
es gibt nur all diese maskenenden
vor deinen augen die dir
die sicht vernebeln

jelena

sie wollte sich einmal
für den russischen
playboy ausziehen
der russische playboy
verzichtete aber und
gab noch den guten
rat mit auf den weg:

dranbleiben!

dranbleiben kann jelena
gut
sie ist sozusagen
ein menschlicher prittstift
in allen lebenslagen

so ist sie mit ihrem
mann schon seit ihrer
geburt zusammen
wie das geht
will keiner wirklich
genau wissen

und sie bleibt an ihrem
wunschtraum dran
einmal auf einem
rummel als losverkäuferin
arbeiten

sie hatte sogar mal
ein imaginäres praktikum
auf einem jahrmarkt
leider hat sie da aber
aus lauter langeweile
alle lose selbst geöffnet
und dann nur die nieten
verkauft

seitdem hinkt ihre
losverkäuferkarriere
aber sie bleibt halt dran

am liebsten isst sie
karpfen geräuchert
aber da der text
jetzt zu ende ist
wird keiner erfahren
wo sie ihn herbekommt

der lustbrüchige

eine welle
voller prickelnder
schaumblasen
brandet zwischen bettzeug
an einen warmen körper
wühlt zart die poren auf
wälzt finger unter den bauchnabel

ein lustbrüchiger
küsst rettende haut

das meer stöhnt
gegen die rundungen
eine frische prise
haucht möwenhaut
und silbrige zungen
legen sich immer tiefer
lassen hügel glänzen
versinken zwischen gekräuseltem
schwarz

an den türen
sammeln sich salzige
seen
rinnen hinunter
bilden graue lakenstellen
er hält sich fest
um ganz hineinzufallen

brodelnde tiefe
geysire die ihn heiß
umspielen
ihm die haut röten
alles durchnässen
was atmet
dann erdbeben
sie welt zieht sich zusammen
stromstösse
noch eine letzte flut

und der lustbrüchige ertrinkt

sonne, mond und sterne

zwischen den blättern
singt die rote sonne
hängt mit gefühlvollem
hauch eine botschaft
für den mond in die äste
und geht unter

silbern verfärbt
sich das rascheln
nachtvögel jagen die krone
rund
der mond schaut zwischen
den wolken
und nimmt mit einem
starken wind
aus den ästen und liest

"kannst du mich nur einmal
vertreten? die sterne feiern
hochzeit! bitte!"

trinkspruch an unbekannte freunde

ich erhebe mein glas
auf die freunde in der welt
die mir das schicksal
niemals bekannt machen wird
es wird mir verwehrt
mit euch anzustossen
auch karten zuzuteilen
oder euch betrunken in den
arm zu nehmen und nach hause
zu torkeln

ein prosit in die entlegensten
gaststuben
und mein lachen über die
berge in wolken
die die pfützen regnen
die ihr nach durchzechter
nacht durchtaumelt

den fernen gutgesinnten
schwöre ich ewige freundschaft
und ein offenes ohr
bei sorg, not und leid
wenn sie das schicksal besiegen
können und zu mir stossen

ich weiß das ihr da draußen seid
ich bin ja auch draußen

und wenn ich mein bier getrunken habe
gehe ich mal zu fuss
statt wie gewohnt das taxi zu nehmen
vielleicht überliste ich so das schicksal
und treffe dich

weihnachten

zupfgeigenmusik zwischen
tannenzweigarrangement
und im glas gefangenem licht

wintersprossen aus schnee
prustende schornsteine
und pfützeneis das bricht

punschbetrunkene stopfen
schichten zimt auf irgendwas
in ihre selige wärme

weihnachtsmarkt mit holzengeln
crepes schmalzkuchen
und viel fleisch in därme

schnell wird es dunkel
und die häuser werden zum
feuerwerk in pause

es glitzert blinkt an gleicher stelle
am fenster auf dem dach
im garten vor dem hause

wäre es nur das
so wäre es schön und
glücksvollendet

doch es gibt ja noch die
geschenke (aber bloß nicht zuviel,
zu spät)
weihnachten verendet

werbung

es geht nicht anders
keine sau kauft mein buch
ich muss leider auf diese art
werbung zurückgreifen
ich ruf da an

"hallo?
ja ich hatte ihnen ja schon
mal eine email geschrieben
sie kennen mein problem
ich würde dann gerne zusagen
ja ok danke"

la la la la
was ist denn das da in der
ferne
sieht aus wie eine wolke
aber die konturen sind so
hart oder so
oh gott das ding kommt auf
mich zu
aber ahhhh

"ja ich konnte mich grad noch in
den graben werfen
aber meinen arm hat das ding
wohl erwischt
was gucken sie so?

was?
meine hand?
wo ist meine hand
ahhhhhhhhhhh
wie ich brauch nicht traurig sein?
dafür hab ich ne tätowierung?
was?"

(Einen herzlichen guten Tag. Lieber Kunde, wir haben
uns erlaubt, Ihnen einmal die Hand zu entführen. Diese
erhalten sie wieder, wenn Sie sich das neue Buch von Robert Zobel
bestellen. Noch heute bei Amazon. Einfach bestellen und mit
dem Buch zusammen erhalten sie ihre Hand!)

ich liebe euch

ich liebe die bauchdecke
die du über finn legst
dein unendlich warmes
lächeln wenn wir über
ihn sprechen
und wenn ich dich ansehe
schicke ich viele kleine
liebesfunken durch deine
augen bis in deinen bauch
und verreibe sie mit zärtlichen
berührungen auf dir
um ihn herum

in zwei jahren
werden wir zwischen
unseren händen eine
finnverbindung haben
und in 1,2,3
in die luft schwingen
so oft er will
die enten bekommen brot
aus seinen unsicheren kleinen
händchen zugeworfen
wir beobachten ihn dabei
schauen uns an
und können gedanken lesen

bald wird es volle windeln

regnen
eine lebende sirene
wird uns immer weder
aus der stille reißen
und all unser geld wird
durch diese schicksalsinflation
auf einmal viel weniger
aber in all dem
wird ein kleines baby liegen
das uns mit großen augen
anschaut
mit seiner liebe vereint
und immer
immer unser glücksspiegel sein
wird

ich liebe euch

hodrello

sag mal hodrello!
wieso hast du
denn für drei gedeckt?
wir sind doch nur
wir!
wie der nachbar?
kommt der rüber?
wie "er könnte doch"?

das ist doch quatsch
und außerdem was
ist dann mit denen unter und
über dir?
die könnten doch auch....

hodrello!?
du holst doch jetzt nicht
du holst doch keine zwei
teller?
was?
du holst nur einen?
weil du ja zwei aus dem haus
eh schon eingeplant und
nur den über dir vergessen hast?
und ich?
hodrello?

ach du hast gedacht

ich könnte ja auch wieder gehen

loveritis 2

ich bin patient null
der krankheit
liebe
und habe meine eins
gefunden
steckte sie mit
dem roten virus an
infiziert warm
und nun ist nummer
drei in arbeit

sie ist mehr als alle
bücher der welt wert
in denen unsere liebe
niemals platz finden
könnte
man kann sie nicht
beschreiben
man kann sie umschreiben
und jedes wort das man
dafür benutzen würde
wäre doch zu klein und kraftlos

jeden tag und jede nacht
durchschwimme ich dich
schaue ans ufer
und entdecke neue
wunder

koste das wasser
und muss erst ertrinken
um dann wieder aufzuwachen
es gibt kein gegen den strom
es gibt ein gemeinsames
fliessen
ein hintergrundrauschen
dein atmen
lachen
und manchmal ein paar
tränen
die wie treibholz
auf deinem gesicht wandern
und die ich beim durchschwimmen
ans ufer hinter uns drücke

exportieren und importieren
ständig
zärtlichkeit
zwischen uns her
besteuern alles
mit einem riesigen batzen
vertrauen
wir haben gemeinsam
ein weltumspannendes
imperium
"uns"

in den parfümerien
machst du die duftflaschen

eifersüchtig
und wenn der wind
durch dein haar weht
schweben unzählige duftflocken
hervor und kitzeln einen
bis man dich liebt

jede religion würde
ich für dich annehmen
jedes säurebad
mit dir
zusammen ausbaden
mich selbst verlieren
um dich zu finden
und jedes ende
mit einem lächeln nehmen
wenn nur du in meiner
hand liegst

nichts kann meine dich
umhüllenden gedanken
verwehen
nichts dich aus meiner
aura reißen
ich will für immer
ein für immer mit dir
und werde
nichts dazwischen lassen

nichts dazwischen lassen

ausser uns

dein gedicht

meine
litfasssäule
ist rundherum nur mit
dir tapeziert
du hast an jedem
tag meines lebens
eine veranstaltung in mir
immer ausverkauft
weil es immer
nur einen gast
und dich meinen stern
darin geben kann

du machst jeden bahnsteig
zum ziel

ich brauchte mich nicht
dazu entscheiden
mich bei dir
nieder zu lassen
es war der einzige
weg
den ich im
gefühlsdschungel
seit jeher gesucht hatte

um für immer bei einem
menschen zu sein

muss man sich
bis zu einem gewissen
teil aufgeben
sagt man
ich habe nicht
aufgegeben
ich habe abgeschnitten

alles was ich durch dich
verlor
hab ich nie gewollt
danke

du hast aus einem
nichtschwimmer
einen fisch gemacht
der jetzt in einem
roten meer auf dem
kontinent liebe
nur noch nach dir schnappt

deine fotos
halten mich über wasser
wenn der sturm von oben
peitscht
weltbrocken fallen
und mich
in die wilde see drücken
wollen

meine finger streicheln
dein gesicht aus papier
zeichnen deine züge
nach
und streicheln den
zentimeter haar
in zärtlichen kleinen
kreisen

ich bin mit dir
für den rest
unseres lebens
dem pech fahnenflüchtig
und dieser rest
ist kein rest
sondern der ganze
hochzeitskuchen

ich schenk dir für immer
neben meiner vollen aufmerksamkeit
mein herz
meine knippenden
hände
und wenn du sie
brauchst
meine fantasie

dorothea

den ersten kontakt
mit gleichaltrigen alterskollegen
hatte sie erst in der schule
das war eine art versehen
denn eigentlich
hatte sie den kindergarten
schwänzen wollen
und hatte zufälligerweise die
schule als versteck gewählt

so kam sie zu ihrer eigenen
einschulung

die schule gefiel ihr
besser
erstens waren da ältere
und zweitens brauchte sie
keine blöden spiele
mehr spielen

mathe konnte sie gut
und über deutsch wußte sie
nur
das die hälfte der buchstaben
mal ein viertel
gleich
97,5 buchstaben betrug

nach der schule wurde sie
dann schaffnerin
und wenn sie feierabend hatte
rechnete sie die fehlenden stellen
von phi aus

irgendwann ist sie gestorben
von einem zug überrollt
als sie die räder noch mal
nachzählen musste

auf ihrem grabstein steht
1+1=2 aber 1+1 kann auch 2 sein

karina

sie malt mit fingermalfarbe füße
am liebsten
deformierte japanische
oder deutsche mit
langen nägeln

die bemalten bögen
hängt sie in der
gesamten wohnung auf
und wenn die das tut
singt sie überschwenglich
alte pionierlieder in einer
jazz-swing-version

ihre mama sagt immer
sie solle sich mal einen
mann suchen
einen richtigen
nicht so einen wie
pauli mit den warzen

doch der ist gut im bett
deswegen hört die tochter
nicht

seine füße hat sie
auch schon
die hängen überm

spülkasten auf toilette

karina würde gerne
einmal kinder haben
am liebsten ohne warzen
aber mit deformierten füßen

sie weiß aber leider
nicht
wie sie die pille
absetzen soll

pauli ist gespannt
wann sie dahinterkommt

eduardo

kaum warnehmbar
lebte ich meine zeit
an dir vorbei

gestern hab ich
jedoch alles geändert
und dir eine
tote krallenkatze
in den briefkasten
geraspelt
deinen schrei auf
band aufgenommen
und nun weißt du irgendwie
dass es da einen gibt

das bin ich
der
der dich immer so
freundlich grüßt
das weißt du nicht
wirst du nie ahnen und
das gibt mir eine gewisse spur
von macht

ich kann dich lenken
kann das licht bei dir
in die länge ziehen
bringe dich aus der ferne

heraus zum weinen

du gehörst mir
ahnst es nicht
weißt es nicht
fühlst es nur

meine kleine labormaus
die mir untertan
schön dass es
dich gibt

ich liebe dich

franzi

eigentlich heiß ich franzi
aber nach meinem
autounfall
nennen mich alle
nur noch fratzi

ich hab die angewohnheit
irgendwo zu wohnen
und stets 60 cent in der
linken brustblusentasche
zu tragen
meine brust ist nämlich
so deformiert
das die geldstücke sich
genau einfügen
und somit eine ebene
rundung simulieren

und wenn mal not an
der frau ist
hab ich immer ein
wenig brötchenklimpergeld
verdursten oder verhungern
kann ich also nicht

ausser in italien
aber das ist eine andere
sache

an einem fließband
baue ich legosteine zu
burgen zusammen
der arbeiter 10 m weiter
baut sie wieder auseinander

das macht ne menge
spaß
nach einer kleinen
internen geburtstagsfeier
mit sekt
hab ich versucht mit
verbundenen augen und ohne
hände einen pferdestall
aus den klötzchen zusammen
zu fügen

einmal im jahr
sag ich ganz laut
"herzlichen glückwünsch du ich du"
und dann immer
das gleiche geschenk
einen kalender mit oberkörperfreien
männern
und eine stiege kaffeesahne

vom letzten geburtstag hab
ich ein video gemacht
leider war das geburtstagskind

darauf nur zu sehen
wenn ich auf den spiegel gehalten habe

ja und seitdem
weiß ich von meinem
unfall
ich habe in der rechten
gesichtshälfte einen schwarzen
tumor
der bis zur brust geht

deswegen nenne ich mich auch
fratzi
man darf ja nicht
immer bierernst sein

ausreden

in meinen ohren
wohnt ein wurm
der sich jedes mal streckt
wenn du etwas
langweiliges erzählst
damit verstopft er jegliche
fähigkeit dir zuzuhören

ein schwaches herz
klopft in meiner brust
ich bekomm es gerade
noch hin
mit dir sex zu haben
ja das hilft sogar sehr gut
aber danach ist es für uns beide
besser dass ich gleich einschlafe

wenn ich mit meinen
jungs so lange weg bin
schmieden wir eigentlich
nur pläne unsere frauen
glücklich zu machen
den alkohol brauchen wir als
inspirationsverstärker
du kannst dir gar nicht vorstellen
was ich gerade für dich vorbereite

freu dich schon mal auf den

22.10.2008

nein andere frauen sind alle
hässlich wie die nacht
ich schau auch nur hin
um den kontrast zu dir zu
sehen
nachdem man in ein
schwarzes loch geschaut hat
strahlt die sonne noch viel
stärker

tut mir leid
dass ich das nicht gesehen
habe
aber du weißt doch das ich
neufriseurblind bin
das hab ich dir doch
vor der hochzeit gesagt

die bremsspur im schlüpfer
kann gar nicht von mir sein
ich muss mich in der sauna
auf einen braunen
schlussstrich eines anderen
paares gesetzt haben

ja nächsten sonntag
wenn deine mutter kommt
lass ich den fernseher aus

und guck mal keinen fussball
ich muss dann aber auch
für so ungefähr 1,5 Stunden
zu frank gehen
ich muss da bei einem
wohltätigkeitsbasar aushelfen

schatz du bist wunderschön
aber ich kann dir das nicht
immerzu sagen
ansonsten nutzt sich das ab
und hat nicht mehr die wirkung
als wenn du mich um ein kompliment
anflehst

ich lieb dich
bis zum briefkasten
und zurück

bussi

langes es 1

die hand in meiner
wird immer kälter
und bevor ich daran
erfriere
lasse ich los

ich spüre ein wenig
restwärme darin
weiß aber
es ist meine
reflektierte

nichts knistert mehr
die funken sind
zu
eiszapfen geworden
die stechen
auseinander schneiden
wenn wir uns
näher kommen

sonnenstrahlen
durchdringen die schwarzen
wolken nicht mehr
und je länger wir noch
zusammen unter dieser
decke "uns" weilen

desto mehr zerstören
die hagelkörner
unser
beider "ich"

die hand in meiner
wird immer härter
und bevor meine sich
anpasst
schlage ich ab

ein wenig sanftheit
lässt sich erahnen
doch die konzentration
dafür
reicht nicht mehr aus

nichts ist mehr
zärtlich
nichts war es je
liebkosungen die man nie
vergessen wird
sind zu lieblosungen
geworden die alles vorherige
mit ins vergessen ziehen

unsere liebe geht sich
aus dem weg
wenn eine von beiden
jemand anderen zum

belieben gefunden hat
werden wir es der
liebe gleich tun

die hand in meiner
versucht sich zu retten
um mich zu retten
wenn wir uns loslassen
sind wir nicht mehr
allein

wölfe gänse affen

affengesindel
hüpft von
thron zu thron
spuckt erdnüsse
ins volk
und hofft dass es
die richtigen trifft

im hintergrund
werden sie von
wölfen gefüttert
denen egal ist
welcher affe
da sitzt

hauptsache man
hat einen dummen
gefunden
der als angriffsfläche
fürs unwesentliche
dient

das wesentliche
die geschäfte
das böse
hinter dem
mit realität aufgemalten
vorhang

bleibt verborgen

wir
die gänse kapieren
nischt
gackern uns die
schnäbel kaputt
und kommen
nicht mal gegen die
affen an

also gott sei dank
wissen wir nichts
von den wölfen

schlangeneffekt

es zischen die
schlangen
in engen rohren
schlängeln sich heraus
und rollen dann seitwärts
berge runter

passanten erschrecken
sich
dann andere
die wiederrum
gegen parkende autos
schrammeln
alarm auslösen
und damit die besitzer
anlocken

fäuste fliegen
tumult
panik

und
die schlangen kriechen
unbekümmert
in das nächste rohr

den blick nach oben

ein wolkendrache
schwimm durch
den himmelozean
und weint weiße
wattefetzen

er schließt seine
augen
um sie an einer anderen
stelle seines weißen
leibes
wieder aufzumachen

man will von ihm gefressen
werden und im himmel
aufwachen

vom fischfressenden aal

esse diesen fisch
du aal
es ist guter fisch
der beste den ich
getrocknet
bekommen konnte

esse diesen fisch

du aal
auf dass wir brüderschaft-
fischessen
und niemals auseinander-
gehen
weil ja fischkalorien
besser abtragbar sind
als
schweinefleischkalorien

esse diesen fisch
du aal
gibt mir keinen kuss
danach und ich lasse
dich in deinen see
spass ist genug
gemacht
und du vermisst
schon das wasser

merkt man dir an deinem
nicht schlagendem herz
an

esse diesen fisch
du aal
dies ist deine letzte
chance
einen artgenossen
zu treffen
zwar nur innerlich
doch das verinnerlicht
ja nur das gleichheits-
gefühl

esse diesen fisch
du aal
danach esse ich dich

makrele in aalmantel

mhhh

blackbox

an meinem gürtel
baumelt ein
schwarzer kasten
mit einem kleinen
schlitz

und hab ich irgendwann
mal einen unfall
oder stürze ab

weiß jeder voran es
lag
denn in einem
abstand von
5 minuten
schreib ich kleine
zettelchen
und steck sie mir
in die box hinein

"12:20 befinde mich
im anflug aufs
mittagessen"

"12:22 Fleisch mit
Spargel
Esse mit Gabel
und Messer"

nachts entleert
meine mutter
den behälter
und schickt
mich am nächsten
tag ruhigen gewissens
mit der

blackbox

wieder raus

kunst ist

kunst ist
ungekünstelt
seine gefühle
seine fantasie
zu realität
zu verformen

einen zugang
zum anfasslosen
zu erschaffen
das ende
der brücke
mit etwas zu
bebauen

kunst ist
mit den eigenen
geformten
gedanken
das auszudrücken
was andere köpfe
bewegt

frühling

die frühlingsflocken
fusseln durch saftiges
grün
bleiben an den
gelben köpfen
hängen
und zaubern
pusteblumen

die sonne schmeichelt
der erde
streichelt mit strahlen
eingeschlafenes
lebendig

die depressionen
der bäume zerbröckeln
sie entfalten
ihre blätter
und lachen knospen

so lange die erde
in der gunst steht
ist frühling

falsch abgebogen

diese welt zu beleben
zu durchleben
und überleben
gestaltet sich für mich
schwieriger als es scheint

das lächeln
ist ein code
und heißt schrei

alle freude
ist für mich
mühsames getue

als wäre ich hier
irgendwie falsch
als gäbe es
zweihundert verschiedene
erden
und ich hab die
falsche abfahrt genommen

auf dem papier bin
ich hier zuhause
im kopf bin ich
planetenlos

als wäre ich ein beobachter

der nur für sich beobachtet
und sich das vorwissen
herausimplantiert hat
damit es spannender wird

ich hoffe nur
irgendwann aufzuwachen
und diese welt
als schlechte
science fiction serie
zu erkennen

das wäre plausibel

das dies hier
so sein soll
und auch ist
ist ein völlig irrsinniger
gedanke

hoffe ich

im stehen

ich muss pullern
und getraue mich nicht
dabei trägt meine blase
schon übergewicht

doch was ich hörte
das bleibt im kopf
auch wenn es jetzt
schon aus der hose tropft

tief in den rohren sitzen
große hungrige ratten
springen die kann man
sich unten dann bestatten

man hört derweil
von solchen dingen
und zum weghören kann
ich mich nicht zwingen

tief graben sie sich
mit ihren scharfen krallen
in alles fleisch
kinderwünsche zerfallen

ich uriniere im sitzen
und nicht im stehen
wobei dabei könnte

ich sie ja vorher sehen

könnte meinen leib
schützen bevor es beißt
und mir völlig den
unterleib zerreißt

der druck schmerzt
im gesamten unterleib
und bevor es mir urin
in die tränendrüsen treibt

stelle ich mich vor das
becken und ziel genau
ich wird es ihr erklären
meiner saubren frau

mord im rotlicht

wo man beruflich
liebe schenkt
hat sich chantal
des nachts erhängt

so scheint es
auf den ersten blick
jedoch es war ein mann
bei ihr zum fick

der genau wusste
wie das hängen geht
wie man einen kopf
in schlingen weht

der mehr als fünf
mal zehn jahre lang
menschen reihte
strang für strang

ein alter henker
den man entliess
weil er sein glied
in die gehängten stiess

so entledigte er sich
von seinem trieb
bei der chantal

die doch so lieb

sie schnurrte zärtlich
und glitt aufs bett
er wurde geil
buchstabierte bis "z"

und biss sich im
gedankentakt die zunge
nein nein das kannst du
nicht mein junge

dann war sie kleidungsfrei
dringbereit und lag
und anstatt zu bespringen
sah er sie im sarg

es überkam ihn eine
unstillbare gier
und zum gierlöschen
war er ja auch hier

flink mit präziser
fachmannhand
presste er sie zwischen
wand und wand

und mit einer einzigen
raschen handbewegung
vollführte er eine

schlingumhalsanlegung

chantal spielte auf
ihrer seite mit
"aua aua es mich
hat aua geschnitt"

erst als er das eine
ende um die lampe band
hat sie die situation
voll und ganz erkannt

davor hatte sie
sogar gedacht
das es gut wird
und dolle spass macht

jetzt fing sie an
ihre stimme zu erheben
richtig zu schreien
denn es ging ja ums leben

es half nichts wir
wir wissen das längst
er hat es gemacht
der alte henkerhengst

legte aufs bett noch
abschiedsbrief und geld
und hat unten am empfang

gleich die nächste frau bestellt

wollen wir spielen

bau mit mir
ein butterschloss
aus margarine
das mit seiner turmspitze
bis zur küchenlampe
reicht
der burggraben besteht aus
weizenschnitten
die fenster malen
wir mit einer feinen spur
aus salz

dann schalten wir das
licht an
schauen beim
zerfliessen zu
und dann
mnjam mnjam
leckere stullen

oder

lass uns das fenster
mit brettern sonnenlichtdicht
vernageln
schlaftabletten nehmen
gemeinsam
irgendwann aufwachen

und wer die
tageszeit errät
darf dem anderen
die zunge gegen die
zunge drücken

danach bauen wir aus
dem holz
wieder die möbel
zusammen
die es einst bildete
tisch
regal
schrank
und parkett

oder

wir drücken an unseren
körpern umher
fassen alles an
und gucken ob
wir eine matschige stelle
finden
ist die suche erfolgreich
müssen wir sofort handeln
und das loch schnell
stopfen

damit es richtig

spass macht
können wir uns vorher auch
mit margarine an unseren
öffnungen einreiben
und die fenster zunageln

interesse?

liebestanz

unsichtbares feuer
entlud sich
in die luft
explodierte ohne knall
und verebbte in einem
wohlgefühl um uns
herum

die luft tanzte mit
jedem molekül
in unseren poren
auratisierte und streichelte
bevor wir uns fühlten

blicke sirrten in
unseren köpfen
warfen korbbälle
in unsere mägen

die zunge zeichnete
eine
glänzende spur
auf die lippen

weitere explosionen

ein provoziert
sensibler augenaufschlag

von unten nach
oben
langsam

unsere hände
unsere lippen
unsere körper

atomkrieg
in dem keiner stirbt

frühlingstag

frühlingswindgleich
atme ich dir küsse
auf deine geschlossenen
lider
schmetterlinge mit meinen
wimpern deine
wangen

nehme dich
eine decke
den sonnenschein
und bereite uns ein
grünes lager

trinke wein aus
deinen lippen
den duft aus deinen
haaren

unsere köpfe
haarverwurzelt
lippe an lippe
und am himmel wehen
elefanten
hunde
und bratpfannen vorbei

wir bleiben bis

die sonne geht
und meine zweite haut
leg ich dir über deine
und kuschel mich
in deine gänsehaut

sap

mein ganzer körper
brennt
und nur der deine
vermag ihn zu
löschen
ersticke die
flammen mit deinem
geruch
streichel die glut
mit deinen feinen
haaren
und zerstreue die
lust auf unsere
körper
dass wir zusammen
brennen
und es
gemeinsam beenden
um anzufangen

überprüfung

bei der letzten
liebesskalasicht
lag das gefühl
über dem oberen bereich
schwebte über der skala
schrie wütend
was ich denn schaue
ich sollte doch wissen
und spüren
wie es um die
liebe stehe

jetzt schau ich nicht
mehr

kindsein

als kind weiß man
die kindheit nicht
zu schätzen
als erwachsener
wünscht man sie
sich zurück

im alter erkennt man
das man niemals
etwas anderes war
als ein kind

die alte brieftasche

gutes altes
portmonee
wenn ich dich so
liegen seh
ausgeschlachtet
dürr und grau
dann erinnerst du
mich genau
wie es war als
ich dich bekam
wurd gleich gefangen
von deinem charme
an irgendeinem
ostseestrand
neben sonnenbrillen
an der wand
keck geschnitten
gutes kleid
er war mir sicher
der kinderneid
auch deine wundervolle
grazile form
unser spaß
der war enorm

nun hab ich mich
neu verliebt
weil es ja noch

andere gibt
deine ausgeleerte
fürchterliche art
hab ich eingetauscht
gegen leder zart
darum hab ich
dir all das entrissen
was du aufbewahrtest
bissen für bissen
meinen führerschein
die visitenkarten
das kondom zum
gelegentlichen starten
die kleinen münzen
die großen scheine
aber meist warst du
ohne geld alleine

ich sag good bye
und gebe dich
weil halt nun die
alte liebe wich
ausgeflossen mit
deinen fransigen
laschen
durch die die
größten münzen
passen
in den mülleimer
sacht hinein

asche zu asche
schein zu schein

langes du 4

wähle
brustwarze 1
brustwarze 2
unterlippe
oberlippe
zunge
und frag nach lust
liebe
oder leben
dann erreichst
du mich

es genügt aber
auch
ein grinsen
von bäckchen
zu bäckchen
ein zähneblitzen
und ein hauch
deiner stimme
deines geruchs
dann bin ich da

jede deiner tränen
tropft
ein morsezeichen
auf meinem trommelfell
jeder schrei

öffnet ein wurmloch
durch das ich springe
und dich in sicherheit
halte

meine geschichte ist längst
zuende geschrieben
jetzt halten wir beide
den stift
und schreiben unsere

loveritis

mein stöhnen hallt
aus deinem gesicht
zurück
fetzt sich durch
die
knorpelschalleinfänger
erst ins denk-
dann ins lustzentrum
und bestärkt

wir stochern an
und ineinander herum
wollen gar nichts an land
ziehen
zum beispiel keine
dunklen
handendglieder
wollen viel lieber
aufs offene meer
und mit harpunen
auf uns schießen

da wo wir es gerne haben
wo das auch immer ist

würden wir uns als
zwei städte sehen
würden wir andauernd

umziehen
schwerin nach berlin
berlin nach schwerin
uns blaupausieren
schweriner dom auf
dem alexanderplatz
die spree
schlängelt sich
um die neubauten des
dreesches

nichts kann uns
aufhalten
nichts was schneller als
unsere aufhaltenden hände
ist
ich halte dich
du mich
ich dich noch mal
und du immer noch

die welt soll uns dabei
hören
man soll sie fesseln
die ohren schmalzfrei
brennen
und unser geschrei
einmegaphonieren

schmutzige tauben

fliegen nie wieder über
unseren köpfen
ihre fluglinien
unsere kopftower
erlauben nur noch
blitzblanke möwen
stolze adler
und ein bis drei
spatzen pro tag
überflug

jede pore die uns
gehört
speit lust
magma die sich
kribbelnd
über die gesamte haut
ergießt
die
wenn wir erkalten
das nächste spiel
noch fruchtbarer macht

das ist ok
was?
alles was wir
uns denken!
sind unser eigenes
gesetz
unsere eigene strenge

religion
und werden diese religion
ähnlich den wachturmpeoples
in eine gebärmutter
hineinklingeln

einsamkeit heißt bei
uns aufeinander warten
begrüßung beinhaltet
das versprechen fürs
leben
plus
gelungene annäherung
mit samenerguß
und multiorgasmus

einem glas wein gleich
schicken wir das gelbe
sonnenlicht
rot durch uns hindurch
senden wärme
in alle die uns schauen
kostet man ein gespräch
torkelt man beschwippst
von dannen
und hat am nächsten morgen
einen kater weil man erkennt
das man niemals so
glücklich wie wir sein kann

im nächsten leben
wären wie gerne
decke und kissen
in einem schlecht besuchten
ehebett
die nacht denen
uns den tag
für immer im bett legen
mit den zipfeln
schalten wir vera ein
und lassen in den
werbepausen die
federn fliegen

brauchen keine discobesuche
mehr
keine leute die meinen
sie sind soooo verrückt
und toll
schenken uns jeden tag
vollste aufmerksamkeit
und teilen fällt
uns im traum nicht ein

kicken uns gegenseitig
richtung egal
denn das ziel sind wir
wir haben und
brauchen keinen weg
zusammen sind wir frei

ohne wegbegrenzung

werden niemals kurzgeschichten
füreinander sein
keine lyrik
sondern besonders dicke
romane
an denen generationen
geschrieben haben

das einzige
was sich in 40
jahren an der ganzen
sache geändert haben wird
ist

dass dieser text
dann 40 jahre alt ist

lass uns regnen

lass sinnlichkeit
auf uns regnen
das vernachlässigte
land aus haut
mit röte beleben

leg den schamschirm
beiseite
öffne den mund
lass es in dich
tropfen
und brenne

wehe den regen
sacht über den weiten
ozean
lass die wellen schlagen
sie sollen dich überall
erreichen

atme die gischt
tauche hinein
leg dir die bindfäden
um
und ertrinke

flüsse zeichnen
rundungen nach

münden
am anfang
und am ende

spüre wie sich
die lunge in deinem
schoß aufbäumt
schwimme zur sonne
jetzt
jeden meter
jeden zentimeter
ein letztes mal prickelt der
regen über die
wasseroberfläche
du tauchst auf

wärme
du atmest tief aus
ahhhh

mit dir fahre ich gerne

spann mich vor
deinen wagen
lass dein haar als
peitsche über meine
brust sausen
ich werde stöhnen
bis zum ziel

der wagen aus leinen
schüttelt sich über
lustlöcher
hier
hier
hier

reibe dein fell an
meinem
lustflöhe prickeln
über die kleinen
gänsehügel

einem ameisenbär gleich
wittere ich mit jedem
meter
zentimeter
südwärts
harre an geliebten
haltepunkten

füge neue hinzu
und hinterlasse
für den rückweg
ringsum
zungenoasen

beschwere mit meinem
kleid
dann spiegeln wir

festige alles rot
auf unserer fahrt
rufe mit fingern
schaue mit meinem
rot
werfe mit atem

umschlinge du mein
hüftlicht
zur dynamischen
kraft
berühre mit schwarzen
katzenaugen
mein inneres
lege dich mit deinen
lippen an meinen
mund
wachse mit deiner zunge

die nacht weht vorbei

zeichne dir jeden stern
auf deinen körper
den großen wagen
auf deinen bauch
der mond
dein nabel
entstaubt
ein kuss

noch ein paar meter
spüren schon ein
ende in uns
vibrieren

gleichzeitig kommen wir an

hier ist es aber langweilig

beißen
kitzeln
küssen
noch mal zurück

das ende

hab angefangen
mein leben
zu ende zu
leben

schon jetzt vor
der natürlichen
hälfte

der überblick
über alles
hat auch
blickfeld
auf den abgrund
gebracht

jedes jahr rücke ich
in der schlange vor
ich winke meiner
mutter
die irgendwo weiter
vorne steht
sie lächelt müde
weiß also auch
bescheid

vom vater fehlt
jegliche spur

er stand fast an der
spitze

an meiner seite
meine hand haltend
der mensch
mit dem ich mich
aus der schlange
in den himmel
schleichen kann
für sekunden
den abgrund vergessen

irgendwann wird er
hoffentlich
weit hinter mir stehen
und sich nicht vordrängeln

besser aber noch
wir fallen zusammen

mach es gut

muss ich es sein
der dir sagt
dass du mich nicht
liebst?

bin ich der
der dich am ende
auf mich
unaufmerksam macht?

du strahlst keine
liebe aus
kein gefühl
nur ein lachen
das mich knapp
vor dem gefriertod
rettet...

bin ich deshalb
bei dir?

mit der zeit
dachte ich
wird
dein herz strahlen
dabei saugt es
nur auf
immer noch

lieb mich bitte nicht
das wäre schade
denn dann könntest
du nicht lieben

ich spüre deine angst
von anfang an
bis zu diesem ende

wenn ich jetzt gehe
hab ich dich dann geliebt?
geht es dabei nicht
darum
den automatismus
geben und nehmen
auszuschalten?

vielleicht haben wir
beide nicht geliebt
und nur auf ein taxi
gewartet
dass uns ein wenig
weiterbringt
lass uns beide
aussteigen

ich werd es gut machen
du mach es besser

langes du 1

ich traf dich
und meine
nächte sind
nun
ohne träume

warum soll ich
erträumen
was
ich habe?

hast mir die
fantasie
genommen
und unsere
draus gemacht

verstecken uns
voreinander
weil das finden
wunderschön
prickelt

unsere hände
klatschen
wie kinder
reigen wie erwachsene
sind zwillinge

im händemeer

wir verstehen
beide das
dasein nicht
aber uns
und das ist
jetzt das
leben

fehler hat jeder
wir haben viele
umarmen sie
umarmen uns

schauen von den
bergen des anderen
auf die eigenen täler

zeigen nicht drauf
sondern fühlen mit

befördern uns
gegenseitig
ich schleif dich
du mich

du siehst licht
dann wieder ich
wir schauen uns an

dann sehen
wir es beide

zusammen ist stets
sonntag
stets sommer
immer feuer
in der nacht
ein lachen lauert
im vier mundwinkeln

mehr als einmal
lernen wir uns kennen
wer bist du?
jeden tag

und doch erkennen
neu belieben
lieben

den weg gehen
nicht als erster
nicht hinterher
sondern immer
auf gleicher höhe

ja und nein

zwei
haben sich ein
"ja" gegeben
und leben
nun ein "nein"

das "ja" ist
noch da
es ist stark
und will
und will
nicht vergessen
werden

es schmerzt sogar
weil es so wütend
auf das "nein" ist

dann rollen tränen
und alles was lindert
ist eine flucht
in die vergangenheit
in der es noch
kein "nein" gab

zwei leben nun ein
"nein"
und fühlen

doch eigentlich ein
"ja, ja, ja, ja"

nein
ja
nein
ja ja
nein nein nein
ja
nein nein
ja ja ja ja

der text der tief geht

stelle im moment
verbindung
zu dir her

reihe zeichen an
zeichen
schicke daten in dich

du liest
und ich trete ein

infiltriere deine
welt
mische gedanken
zu einem brei
zusammen

deine abwehr
ist geplant
ich bin schon drin

der text endet
meine herrschaft
in dir beginnt

das feuer

jeder kuss
schickt meine
zunge
in feurige glut

ihr blick
verbrennt alle
anderen gedanken
und schafft
kraft die glut
auszuhalten

die haare strahlen
sich sacht
um meine wangen
erzeugen einen
gaensehautbrand
den ich mit ihrem
koerper loesche

wenn man sich ganz
dem feuer hingibt
kann es nicht
verletzten

absturz

bist du dir sicher
das du für mich die
grafikkarte bist
die mir die welt bunter macht
glaubst du das wirklich?

das ich all meine
gedanken in dir abspeicher
das du zugang hast
zu allem
was mich bewegt?

sind die kabel die
mich halten
warm?
ist dein bildschirm
von eigenliebe
ungetrübt?

bediene ich dich
mit meinen berührungen?
hilft zärtlichkeit
gegen einen programmierten
absturz?

und was ist mit alle den viren
die männernamen tragen?

error

treppentrauma

wo ich auch hinschau
erblick ich stets treppen
selbst in den träumen
egal in welchen betten

sie führen aus den
wolken ins meer hinein
wieder heraus und
hin zum sonnenschein

spannen sich sacht
über dichte nadelwälder
überziehen mit stufen
selbst die weizenfelder

sie sind mal aus stein
dann wieder aus stahl
sind überall und kein
fleck bleibt mehr kahl

ich hab ein treppentrauma
schon seit jahren
so wie ein schleuderdingens
vom falschen autofahren

kam zuhaus zu schnell
aus der tür geschossen
sah die treppe nicht

und hab stufenfleisch genossen

das resultat dann
nach überlebter operation
waren 26 stiche
und zum teil hirnkastration

denn 100 % waren
nie nicht mehr zu retten
und jetzt seh ich
treppen, treppen, treppen

Ende